零雜念的

DESTINATION
SIMPLE

簡單生活

Everyday Rituals for a Slower Life

Brooke McAlary

布茹珂・麥卡拉莉——著　朱浩一——譯

給我的家人：

有你們才有現在的我。
我愛你們到地老天荒。

給過去幾年來，有閱讀或聆聽過
「讓家慢下來」（Slow Your Home）相關文章或節目的人：

謝謝你！

序

大家好，我叫布茹珂，三十多歲，經歷過很嚴重的過勞，僥倖活了下來，現在住在澳洲雪梨郊外的南部高地（Southern Highlands）。

我和丈夫、兩個孩子、兩隻狗、許多書籍，以及越來越多的植物一起過生活。我是一名笑點很奇怪的作家、Podcaster，也總在提倡那些生活中最美好的事物——睡午覺、戶外時光、一本好書，以及在人類世界失傳已久的本領：無所事事。

我也是這樣的一個人：在經歷了幾次嚴重的憂鬱、疾病和劇烈的人生動盪之後，我決定試看看，如果我簡化自己的生活，會發生什麼樣的事情。

起初，我嘗試模仿自己在IG和慢活部落格上看到的簡單美好生活。後來，我對於緩慢的進度感到不耐煩，於是試著一次完成所有該做的事情，期望自己可以在一夜之間完成整個家的斷捨離、徹底改造日常行程安排，以及建立起健康的界線（並且知道如何捍衛這些界線）。

但相當諷刺的是，如今我才發現，自己最初的那些嘗試太過複雜了，以致於我後來沒有繼續維持下去，這實在是合情合理。

最後我明白，為了要創造出能延續的、持久性的改變，我需要一步一步來。一次改變一點點就好。經過幾年的反覆嘗試，以及生活上的重大改變，我自己做得還算成功（當然，儘管期間經歷了一場全球性的疫情、幾個慘痛的教訓和一些小小的問題）。

我斷捨離了家裡成千上萬個不需要的物品，並將

住家整理到對我們來說算是舒服的程度。更重要的是，我覺得自己變得更有耐性、更有彈性、更滿足，而且發現自己很容易感受到突如其來的快樂。

我們最後賣掉了原本的房子，經常去旅行，拎著旅行袋住進一家又一家的 Airbnb 民宿。現在，我們搬到了一座鄉間小村，如今的悠閒、簡單生活又一次變得截然不同。我現在的狀況是這樣的：我會一邊掃地一邊跳舞、一邊開車一邊唱歌，而且我真的很喜歡和我的孩子們一起玩樂。

我改變了自己，而我的家庭也隨之改變了，這一切都是因為，我們採納了簡單生活的想法，並任由這樣的想法慢慢地成長茁壯。

很高興看到此刻的你與我同在，希望你也能和我一起探索「何謂簡單生活」。

序　005
前言　015

第一部分 —— 建立日常儀式

01 一次只做一件事　029

練習（1-5分鐘）：一次只做一件事　035

- 選擇一件事
- 細細品味每一個細節
- 當你做完一件事之後……
- 為什麼要賦予一件事儀式感？

02 斷開網路　043

練習（15-30分鐘）：斷開網路　051

- 確定時間
- 做好安排
- 好好執行
- 增加一個睡前的斷網時間
- 回到現實層面
- 不上網可以做什麼？

03 清空思緒　057

練習（5-10分鐘）：清空思緒　063

- 尋找一個安靜的時刻

- 拿起紙筆
- 簡單書寫
- 繪製心智圖
- 與其他日常儀式結合

04 每日三要務　067

練習（1-2分鐘）：每日三要務　073

- 檢閱「大腦斷捨離」的內容
- 列出清單
- 次級要務
- 後續行動

05 心懷感恩　077

練習（5分鐘）：心懷感恩　081

- 找出時間
- 將之寫下
- 翻轉思維

日常儀式的練習摘要　087

第二部分 ── 調整生活節奏

06 早晨的節奏　095

練習（30分鐘）：早晨的節奏　101

- 自我反思
- 確認自己的需求跟想望

- 決定要包含哪些事務
- 估計你需要的時間
- 正視它
- 我的早晨節奏

07 晚間的節奏　115

練習（30分鐘）：晚間的節奏　117

- 自我反思
- 確認自己的需求跟想望
- 決定要包含哪些事務
- 建立晚間的節奏
- 我的晚間節奏

生活節奏的練習摘要　125

第三部分 ── 確認執行狀況

08 非日常儀式性傾斜　131
09 時時留心　143
10 去吧，享受人生！　145

學會享受休所經歷的生活片刻，
生活就會變得更加美妙精采。

李奧・巴伯塔（Leo Babauta）
《少才是力量》作者

前言

在書寫這本書的初版時，我們正身處於一個不會停止競爭，而且似乎無法停止競爭的世界之中。我們生活在忙碌而刺激的生活型態之中。我們拚命地要跟上鄰居的財富或生活水準。我們工作過度、壓力過大、跟網路上的鄉民過度密切。我們會跟別人較量誰比較忙碌、誰比較重要、誰的睡眠更不足——這其實並非我們的唯一選擇，但對許多人來說，這確實會令自己覺得毫無其他可能性存在。

然後，2020年就來了。新冠病毒的疫情襲來，我們的生活面臨了……改變。

對某些人來說，新冠疫情提供了一時的解脫——雖然這麼說會讓人覺得有罪惡感——因為之前忙碌的

行程、一大早的會議、長時間的通勤、擁擠的週末和多種課外活動,都改成了線上進行或完全取消。對其他人來說,封城、辦公室關閉、失業和線上上課,意味著恐懼、孤立、經濟壓力和焦慮。而對我們所有人來說,新冠病毒讓我們意識到了一個一直存在,但卻經常被忽視的事實:我們在生活中所感受到的穩定不變,大部分都只是一廂情願的想法。

我們可以隨心所欲地制定許多計畫、行程和日常儀式,但歸根究柢來說,生命中發生的許多事情,根本不受我們的控制。然而,我們仍然可以控制自己「如何去應對」。

我的假定是,既然你已經拿起了這本書,就表示你渴望過更簡單的生活。

也許你也在新冠疫情帶來的奇怪停頓中找到了平靜,並且在生活「恢復正常」之後,正在尋找更多能

夠體驗平靜的方法。又或許你相信「正常」本身才是問題所在。或許你不想浪費從全球危機之中所學到的教訓；或許你認為我們有機會創造恆久的改變；或許你認為改變要從自己家裡開始；或許你可能只是發現自己精疲力竭，正在尋找從內而外簡化生活的方法。

無論你是基於什麼原因而讀到這些文字，我都很高興能夠看到你。

我曾經也和你一樣：渴望過簡單的生活；不堪重負、承擔過多；徹徹底底地筋疲力盡。在生命中的各種不同時刻，我都在想方設法要跟上潮流、展現自我、提升自己，忙碌到連過「正常生活」都有困難。

事實上，幾年前我就意識到，成年以後的大部分時間裡，我都活在輕度恐慌的狀態之中。我從來都不允許自己放鬆、平靜、滿足或保有餘地，當然也絕不做任何近似緩慢或簡單的事情。

在這本小書裡，收集了我長時間以來好不容易積累和改良才得到的各種點子。這些點子在我人生的不同階段發揮了作用，讓我得以簡化自己的思想、生活和住家。我希望它們同樣能更幫助你一步步簡化自己的生活，讓你能夠找到片刻的安靜、平和、平靜和滿足。但我最大的希望是，這本書中沒有任何內容會讓你覺得可怕、過於艱難或遙不可及。

本書的練習，是為了讓每一個人——包括你在內——都能輕鬆進行而設計的。我敢保證，你將可以開始創造更緩慢、更簡單的生活。而且你從今天就可以開始。

對許多人而言，邁向簡單生活的旅程始於斷捨離：清理衣櫃，或整理書籍、照片和數十年來因為各種情緒而買下的諸多物品。在沮喪地環顧自己的家時，他們會說：「我受夠了！我要減少買鞋子／衣服／球拍／玩具／書籍。我再也不想清掉這些東西

了！」可是將時間快轉十二個月以後，你會發現他們之中的許多人又回到了原本的狀態，抱怨說他們更寧願看電視、在林間健行，或是和孩子們玩耍。於是他們又一次地開始清理舊物。

在這本書中，我將會告訴你，與其試圖整理（並屢屢失敗）那些實際存在的雜物，你的首要之務，可能是在日常生活中「騰出一些空檔」。

如果你能改變每天的生活流程，讓流程變得更簡單、更輕鬆、更有節奏，那麼實際的斷捨離工作，就會更容易進行。

所以，這不是一本幫你整理住家的書。本書的目的，不是要創造出完美的無紙化歸檔系統，或是建立起定期清理雜物的習慣。它不會告訴你整理食品儲藏室或簡化衣櫃的「正確」方法。取而代之的是，這本書會告訴你，透過有意識地進行各種日常活動，你就

可以創造出自己想要的簡單生活。你可以運用「日常儀式」和「生活節奏」的力量來做到這一點。

如何使用這本書？

你會注意到，這本書的頁數並不多。

我之所以刻意讓它簡潔，是因爲充實而又快節奏的生活，很可能意味著你已經夠忙碌和沮喪了，我不想再增加任何不必要的麻煩給你。儘管篇幅不長，但這本小書卻提供了貨真價實的解決方案。一共有七個。

我建議你先讀完整本書。許多生活節奏和日常儀式都是互相影響的。雖然一開始可能聽起來很費勁，但將它們全部一起運用的話，就能爲你節省大量的時間和精力。

這本書不會規定確切的行動。它不會告訴你該如何改變自己的生活──不完全是如此。但是，這本書會提供給你一個框架，來幫助你改變自己的生活，讓生活變得更加美好。

在我們開始之前，我想幫你打打氣……

「生活是忙碌的。我沒有時間嘗試任何嶄新的事物。」我聽見了你的想法。我也理解。我以前也是這麼想的。但事實上，如果你告訴我（跟你自己）你沒有時間，那麼你的確非常需要這本書。

在生活中要做出改變，你將面臨的現實情況是：

需要努力

　　　　需要時間

　　　　　　　需要精力

但其回報也會是巨大的：一種更簡單、更快樂的生活，不需要沒完沒了的重新調整和反覆規劃。

這就是生活節奏和日常儀式的妙處。一旦建立之後，它們就會成為你日常生活的一部分。你並不需要刻意去安排，就像你不需要安排刷牙或上床睡覺一樣。一切都會順其自然。

因此，在執行這本書中的某些練習時，如果你覺得非常吃力的話，那麼請將你的注意力，專注在自己即將獲得的成果之上。

請記住：千里之行，始於足下。

RITUALS

第一部分

建立日常儀式

「儀式」這個詞的原意,指的是定期進行的、正式且帶有莊重性的任務。這個詞通常有著宗教意涵。儀式具有重要性和意義,人們會鄭重視之。

在這本書中,我採用了「儀式」的原始概念,並將之運用到日常生活中。我會要求你賦予某些日常事務重要性和意義。這麼做,可以使這些事務變得不再平凡無奇,並可能會幫助你去好好重視和專注於你正在做的事情。

你會驚訝地發現,這個段落裡的任務是如此地簡單。不需要複雜的高效率方法、深入的活動稽核,或繁瑣的時間管理系統——那不是我的風格。相反的,這個章節著重於一些簡單的想法,來幫助你做更少的事情,把更多的精力用來享受生活。

美在何處?
是在那些偉大的事物之中嗎?
縱使一如其他事物,
再偉大的事物也注定消亡。
抑或者,美是在那些毫無任何渴求的
渺小事物之中嗎?
這些事物縱使渺小,卻知道如何在片刻時分
鑲嵌上一顆永恆無盡的寶石。

妙莉葉・芭貝里(Muriel Barbery)
法國小說家,《刺蝟的優雅》作者

一次只做一件事 1

你會同時做很多件事嗎？你經常發現自己同時在做兩件或更多件事情嗎？

你當然會這樣——每個人都是如此。

- 你一邊做早餐，一邊想著晚餐的計畫。
- 你一邊開會，一邊撰寫另一場會議的簡報。
- 你一邊和孩子說話，一邊晾衣服。
- 你一邊運動，一邊聽有聲書。
- 你一邊講電話，一邊把要洗的碗盤放進洗碗機裡。

你本來就應該這麼做，對吧？

你之所以能夠一次做很多件事情，是因為你很聰

明。是因爲你很有效率。你在充分利用時間。你在把事情做好。

沒錯,在某些情況下,同時處理多項事務是件好事,能夠快速而有效率地把事情做完,好讓我們能夠騰出時間去做其他需要做的事情,或是做那些我們眞正想做的事情。

但這樣眞的沒有壞處嗎?

- 你覺得精疲力竭嗎?
- 你覺得自己好像什麼事都做不好嗎?
- 你覺得自己好像被拉往很多方向嗎?

雖然你那顆不知所措、工作過度、負載過多的大腦可能有別的想法,但其實你不一定需要同時做那麼多事情。

你可能需要一次只做一件事。也就是說，一次只專注做一件事情就好。

一次只做一件事，不只是「同時做很多件事」的相反（顯然如此），還能讓你有機會去練習把注意力徹底放在手頭的事務之上。

在當代的生活中，我們所接受的教導是：要去思考效率、生產力跟做這件事情到底值不值得花費心力。因為這個緣故，我們必須同時做很多件事。而一次只做一件事，正是當代繁忙生活的解藥。

這不代表你必須「少做一些事」

雖然聽起來很棒，但一整天下來只把注意力放在手頭的這件事情，而且是每天都這麼做，其實是很不實際的。

相反的,在談到日常儀式時,一次只做一件事的意思,包括了:

- 選擇一件你在一天之中經常會做的事情。
- 專心做那件事情。
- 讓自己全心全意地沉浸在做那件事情的感受之中。

這麼做,可以幫助你在用心完成一件事情的時候,發現簡單的美好及日常的喜悅。

練習專心致志地去做一件日常儀式,讓你得以完完全全地活在當下。這個練習能讓你學會如何對哪怕是最平凡的事務也心懷感恩,並讓你得以領會全心全意做一件事情的美妙之處。

你可能沒辦法一輩子都一次只做一件事——就連要維持一整天都很難。但是一天做到一次這件事,是絕對可以企及的。而且你不需要耗費額外的時間,因

為你可以在要完成一件你已經在做的事情時，就去練習一次只做一件事。

如此一來，做好你手頭這件事，就有了一個額外的目標：讓你有機會清理心靈裡的雜念——即便只是片刻。

練習

一次只做一件事

⏱ 1-5分鐘

這個練習只需要五分鐘的時間。事實上,就算一分鐘也可以。在充斥著對生產力、把各種事情做完、證明自身價值的迫切需要的一天之中,享受一分鐘的美好、冥想般的靜謐吧。

選擇一件事

選擇一件日常事務,例如刷牙、鋪床、晾衣服或是洗碗。到了該做那件事情的時候,全心投入其中。

細細品味每一個細節

沉浸在自己的五感之中。讓這項事務成為你此刻唯一的思緒,唯一的目的。

你在晾衣服嗎?與其思考晚餐的計畫、明天的會議、孩子午睡醒來以後你要做什麼,不妨把注意力放在:

- 濡溼而乾淨的衣物的清新氣味。
- 手中溼潤的布料帶來的涼爽感。
- 使用曬衣夾時發出的清脆響聲。
- 陽光是如何照射在衣物纖維上。

明白正因為自己抽出時間來做這件簡單的家務,家人才能夠擁有乾淨的衣服。

或者,也許你正在泡茶:

- 想想水在茶壺中被加熱的過程。
- 在將水倒入杯中時,請專心聆聽那慰藉心神的音色。
- 觀察茶葉將水染色,從透明變為淺色,再變為深色。
- 如果添加牛奶,就觀察牛奶與水融合,改變了茶的色彩。
- 如果加入糖,就聆聽那在攪拌之時,湯匙碰撞了茶杯杯身所發出的清脆聲響。
- 注意熱氣如何輕柔舒緩地上升。

當你做完一件事之後……

深吸一口氣,回到日常之中。

回去陪孩子丟接球、盪鞦韆、塡飽肚子、接電話——但這一次,你會帶著全新創造出的片段自由時刻,以及一種活在當下的感覺——要不是擁有稍早的沉浸時光,你可能不會獲得那樣的感受。

為什麼要賦予一件事儀式感？

透過將一次只做一件事的哲學融入這件小小的日常儀式中,並將之成為你日常的一部份,你就等同於把自己的健康幸福擺在優先。

你體認到,生活不僅僅只是機械性地處理待辦事項,也不僅僅只是把事情都做完而已。畢竟,這就是為什麼我們要追求簡單生活的原因,不是嗎?

如此一來,我們每天就能體驗更多這樣的美好時刻。更多簡單的快樂。更多小小的喜悅。也能更有意識地活在當下。

幸福的真正秘訣，
在於對日常生活的所有細節，
產生真正的興趣。

威廉・莫里斯（William Morris）
小說家，英國美術工藝運動領導人之一

斷開網路 2

早在1999年的時候,時間管理專家唐納德・韋摩爾(Donald Wetmore)博士就曾指出,當時平均每個人每一天所接收到的資訊,比生於1900年的人平均一生會接收到的資訊還要多。

鑑於現在已經進入二十一世紀二十多年了,多數人都透過智慧型手機不斷地查看電子郵件、社群媒體和無窮無盡的新聞,因此你可以很有把握地假設,自從韋摩爾博士在上個千禧年末公布他的研究成果以來,我們每天所接收到的資訊量已經大幅飆升。

而我們需要休息片刻。

我們需要屬於自己的時間。好讓那些噪音、刺激

及資訊趨於平靜。好讓我們不再試圖塞給自己更多的東西。

這個不斷透過網路產生連結的世界有許多好處。我們可以跨越遙遠的距離進行交流、以虛擬的方式體驗令人難以置信的地方、向大師學習，以及只需要點擊幾下滑鼠，或是手指在螢幕上滑動幾下，就能夠找到任何你能想像得到的事物。

但持續連結網路也有缺點。我們會將手機放在口袋中，把它當成相機、日曆、筆記本和鬧鐘。iPad、手機、筆電——如果三者之中，我們手邊沒有至少其中一個（有的人則是三個都需要），以供自己連上網路的話，我們很容易就會惶惶不安。

我們忘記了如何簡簡單單地活著。如何讓自己沉浸在眼前的事物之中。如何真正參與面對面的談話、建立人際關係，以及體驗真正的休閒時間。我們已經

精疲力盡，完全沉迷於這種數位連結之內。

我們很擔心，如果斷開網路的話，自己就會錯過某些東西。我們很擔心，如果自己不參與每一件事情，別人就會覺得我們無足輕重，或者我們會徹底遭到遺忘。

但是，我們為了這種持續連結網路所付出的代價非常高昂——除非我們學會用一段時間斷開網路，來抵銷這種數位生活帶來的影響。

關閉網路的力量

脫離網路世界，可以讓我們重新與周遭的世界，也就是我們的孩子、我們的伴侶、我們的家人、我們的朋友、我們的工作、我們的環境、我們的想像，再次產生連結。

例行性的斷網

　　這個日常儀式，指的是每天抽空斷開網路，遠離那個持續連線的世界。這意味著，你要離開自己的筆電、電子郵件、手機，以及電視。

　　這件事情，或許聽起來非常簡單。可是一旦開始思考自己一整天的日子，以及考量要如何打發自己的休閒時間時，你可能會發現，它沒有表面看起來的那麼容易做到。

　　想想看，你喜歡做些什麼事來讓自己放鬆？當一天結束時，喝杯小酒？讀一本書？翻翻雜誌？待在自家花園裡？

　　做這些事真是太棒了！

　　那麼，閱讀部落格文章呢？或是閱讀電子書？邊

喝酒邊看電視？翻閱電子雜誌？更別提瀏覽臉書、推特、IG了。

這些可能都是你喜歡的放鬆方式，但是你仍然處在連線上網的狀態。虛擬世界依然存在，而且它們同時將你拉往三十二個不同的方向，誘使你去學習、看見、知道更多的事物。

我們經常為了要查詢某件事情而打開手機，卻在意識到發生了什麼事之前，已經花了二十分鐘去瀏覽IG、在下班後查看公司的電子郵件，或者上網搜尋影集《陰屍路》(*The Walking Dead*) 裡的那個男人的名字，想知道他跟電影《愛是您‧愛是我》(*Love, Actuall*) 裡的演員是不是同一個人。（順帶一提，是他沒錯！）

要在網路上採取「被動」的姿態非常容易……
查看電子郵件，
並不一定表示你需要回覆或採取行動，
但我們還是會這麼做。

蔻特妮・卡佛（Courtney Carver）
《療癒人生從衣櫥只留33件單品開始》作者

練習

斷開網路

15-30分鐘

確定時間

查看你的日常行程,找出十五至三十分鐘的區間,來讓自己遠離網路。選擇一天之中,你不太可能會接到緊急

電話，而且老闆不會需要你的時間。

做好安排

一旦選定了一個區間──最好是每天的同一時間──請在日記或日曆上將之安排爲你的休閒時間。

好好執行

在電腦或手機上設定提醒。

設定提醒兩次──一次是在斷開網路開始前的五分鐘（讓你在斷開網路之前完成任何要做的事情）；另一次是在斷開網路的時間到了的時候，發出信號。

在跳出第二次提醒時，請關掉筆電、把手機從口袋裡拿出來，並將之放到遠方、關掉電視，讓自己回到生活之中。

增加一個睡前的斷網時間

嘗試在睡前增加第二個固定的斷網時間。

有越來越多的研究顯示，晚上看螢幕或接觸藍光（來自手機、筆電、平板或電視螢幕）不僅會影響大腦辨識夜間的能力，進而影響睡眠時間，還會影響我們的睡眠品質。

將所有的科技產品從臥室裡拿走，這件事徹底改變了我們家的面貌，讓我們的睡眠品質更好，早上起來時也更加平靜、有效率。我們起床的第一件事再也不會是打開手機，瀏覽電子郵件、新聞和社群媒體。

繼續閱讀下去，你就會明白，為什麼早晨不使用任何科技產品，可以幫助你在一天之中，建立起更多正向的日常儀式。

回到現實層面

我明白,要在一天之中找到不受干擾的時間這件事有多麼困難。無論你是在學習、遠距工作、朝九晚五地通勤,還是全職照顧孩子(或者是結合了這一切),生活都是很忙碌的。

但是對於簡化你的生活來說,斷開網路是一個非常重要的日常儀式,我真的很鼓勵你找出時間這麼做。如果你還是覺得很難做到的話,可以從下列的方法中,挑一個來試試看:

- 將斷開網路的時間,以五分鐘為一個單位,分割成好幾個區間。
- 嘗試在上下班時間的公車或火車上斷開網路。
- 早起十分鐘,享受早晨的寧靜——電子郵件會乖乖在原地等你的。
- 提早幾分鐘去健身房,找個安靜的地方坐著。
- 晚上少看一個電視節目。
- 認真努力減少使用社群媒體。說實在的,你真正需要

瀏覽的貼文，到底有幾則呢？嘗試將使用社群媒體的時間減少一半，然後把多出來的時間做點不用上網的事情。

<u>不上網可以做什麼？</u>

你可以試試：

- 靜靜地坐著。
- 閱讀。
- 散步。
- 跟孩子或寵物玩。
- 寫寫東西。
- 跟伴侶或朋友聊天。
- 禱告。
- 冥想。
- 做瑜珈。
- 在外面喝咖啡，看看天空，聽聽鳥兒的叫聲。

在斷開網路之後，無論你要做什麼，重要的是，你跟物

理世界有了連結，或者讓自己的思維得以訪問另一個不同的虛擬世界——你自己的想像世界。

3 清空思緒

我們的思緒雜亂無章。我們被各種待辦事項、承諾、差事和必須記住的事情,壓得喘不過氣來。

長時間在這種高度壓力和緊張的狀態下做事情,既不舒服也沒有成效。根據自身的經驗,我可以證明,如果在幾天甚至幾週的時間裡,這些雜亂的想法都盤據在你的腦海裡,那麼你生活的其他部分,也會受到影響。

請問問自己,你是否曾經:

- 爬上床鋪,開始放鬆,卻突然想起那天自己應該要完成的所有事情?
- 發現自己坐下來觀賞電影時,卻拿起了手機或筆電

來查看電子郵件、社群媒體上的貼文或新聞？
- 發現自己的思緒在不恰當的時候（例如在會議中或與伴侶親暱的時刻）飄忽不定，不斷在思考那些待辦的事情？

你應該有這種經驗吧。我自己也是。

不覺得這很擾人嗎？你的大腦似乎不知道你正在努力入睡、放鬆或愛人。它沒完沒了地忙著處理各種資訊。

好消息是什麼呢？這個日常儀式可以幫到你。

大腦斷捨離

大腦斷捨離是一種心智圖或札記練習，讓你得以輕輕鬆鬆地，怎麼說呢……把腦海裡的那些東西，一

股腦地寫到紙上。

透過這樣做，你就可以釋放自己壓抑在心中的沮喪、難題、擔憂和該做些什麼。把這些事情寫在紙上，意味著它們就不會再占據你的思維空間，讓你的思緒得以更清晰。

這個日常儀式具體要怎麼做，完全取決於你自己。請多做嘗試，從中找出最好的做法，用以配合你的生活方式、思維方式，以及處理資訊的方式。不過從本質上來說，你每天需要花費五到十分鐘的時間，來清空大腦裡那些與你無關的資訊。你只要打開大腦裡的閘門，讓它們全都流出去就好了。你所寫下的大部分內容，都會是一些垃圾。但肯定是流掉比囤積在大腦裡面好！

將它們統統都寫到紙上以後，你的大腦就可以在毫無阻礙的狀態下運作了——它可以處理即時訊息，

並應對當下的情況，不會因為想著過去和未來的事而難以運作。

該做些什麼？

你會需要五到十分鐘來完成這項日常儀式。但它的優點在於，你可以將它與你的「每日三要務」日常儀式（第四章）和你的「心懷感恩練習」（第五章）結合在一起，一次獲得三倍的好處。

繼續往下看，你就會知道該怎麼做了。

什麼時候是清空思緒的最佳時機？

執行這個儀式的最佳時機，最好是把它當作早晨的第一件事，或者是晚間的最後一件事，因為這兩個

時間點最不容易受到打擾。

但是確切的最佳時機，取決於你每天的生活流程。在理解了你的早晨節奏和晚間節奏（第六章和第七章）之後，你會對此有更清楚的掌握。

早上做的好處

剛睡醒時，你可以很快就知道這一天大概的輪廓、需要做什麼事情，以及你此刻有什麼感覺。一大早就做大腦斷捨離，可以幫助你以正面的態度、明確的目標和清晰的思維，展開新的一天。

晚上做的好處

有些人發現，晚上做完這個練習之後，能睡得更

香甜。他們之前沒有留意到的問題或不滿，將會出現在紙張上。而一旦這些問題或不滿消失了，他們就會覺得身體更加平靜，也更容易睡個好覺。

晚上做這個日常儀式，也意味著你第二天醒來之後，會知道這一天的大概輪廓。你已經花時間理清了自己的思緒，所以可以輕而易舉地投入新的一天，不需要再做太多的計畫。

隔天一覺醒來，你可以頭腦清晰且目標明確地展開新的一天。

練習

清空思緒

5-10分鐘

這是一個沒有什麼難度的日常儀式。關乎用你的雙手來清空自己的大腦。

尋找一個安靜的時刻

五分鐘就足夠了,但十分鐘可能會更好。無論時間長短,在那段時間裡,你都要用心投入其中。

特別是一開始的時候,你可能會發現設定一個計時器,是最容易進入狀況的。

拿起紙筆

如今,紙跟筆的重要性都被低估了。對於這項練習來說,這種古老的方法,比起鍵盤和螢幕,或平板和手指,要適合得太多太多了。

紙筆能夠讓你自由自在地書寫心智圖,還能限制電子郵件和社群媒體通知等帶來干擾的可能。

簡單書寫

不用想太多,寫下:

- 需要記住的事情。
- 需要完成的事務。
- 一直擔心的問題。
- 可能的解決辦法。
- 需要購買的日用品。
- 預定的活動。
- 即將到來的社交活動。
- 想穿的衣服。
- 需要做的家務。
- 孩子說過的趣事。
- 其他任何你想要寫下的事情。

如果你發現自己沒有什麼要寫的,那就寫下「我沒有什麼要寫的。我沒有什麼要寫的。我沒有什麼……」我敢保證,你的大腦很快就會想出一些東西來讓你寫。

不要自我審查,順其自然去寫。不要擔心字句的工整、拼字或文法。

繪製心智圖

在各種主題和想法開始成形以後,你可以在彼此有連結的項目之間,加上箭頭、方塊和強調等標記,或在各個部分下劃線或用螢光筆標示重點。這可以幫助你清楚看見大腦裡正在發生的事情,並釐清需要注意些什麼,以及更重要的是,「哪些事情是可以遺忘的」。

當計時器響起之後,你就可以停筆了。

與其他日常儀式結合

我之所以會建議你在開始這些練習之前,先讀完整本書的原因之一,在於書中許多日常儀式之間,彼此都是有關聯的。

儘管這些日常儀式各自都能夠幫助你簡化生活,但將它們結合起來,不只可以增加效果,還能節省時間。

4 每日三要務

「待辦清單」已壓得我們快喘不過氣了。

有人告訴我們，要做的事情越多，代表我們越重要。而我們待辦清單上的事完成得越多，則代表我們更有效率、更聰明、更有生產力或更成功。至少，我們是這麼想的。

你的待辦清單上，有昨天才想到的事情嗎？抑或是上個星期想到的？上個月想到的？還是去年就想到的呢？

如果某件事情，已經在你的待辦清單上放了好幾週或好幾個月，那麼請問問你自己：你真的會抽出時間，去做那件事嗎？

我想八成不會。

那件事情只是在嘲弄你、提醒你，你是多麼沒效率、懶惰、缺乏生產力和不守紀律。而對於想要完成那件事情的你來說，這些特質可謂非常不利！

消失吧！冗長的待辦清單！

那些冗長的待辦清單無助於簡化生活。它們會把你的生活弄得雜亂無章。它們會讓你感到沉重。它們會讓人感到沮喪、焦慮、失望和覺得自己不夠好。

因此，我們要摒棄冗長的待辦清單。

取而代之的是，請嘗試建立一個只有三件事的待辦清單——是你今天需要完成的三件事。

為什麼是三件事？

在撰寫冗長的待辦清單時，我們會對自己做出過多的承諾。我們知道，自己無法在今天之內，就完成清單上的三十九項事務，但我們還是寫下了那些事，並期許自己能夠統統都完成。我們甚至在開始之前，就為自己設下了失敗的陷阱。

但是，如果我們只選擇三件事的話：

- 我們的目標是可以實現的——除了那些狀況最糟糕的日子以外。
- 我們的目標是可行的——待辦清單不會壓得我們喘不過氣來。
- 我們的目標是簡單的——你不會忘記自己正在做什麼事。

而且，你會打一場勝仗——事實上，是打贏三場

勝仗！一旦能夠經常完成待辦事項，你會感受到巨大的成就感。你再也不會吃敗仗了。

「可是我每天需要做的事，不只三件啊！」

當然是這樣。

每天都要做的事情——整理床鋪、運動、煮晚餐、送孩子們上學——應該是每日生活節奏的一部分，而不在你的「待辦清單」之中。我們會在〈第六章〉和〈第七章〉探討這些日常事務。

這三件要務，應該是源於較少在你的腦海中浮現，但仍然重要的「一次性」任務（這也是我建議要將這個練習與「大腦斷捨離」結合的原因）。

例如，你需要撰寫的報告、你需要撥打的電話、

跟人約好的會面、差事等等。

每天早上，你必須從這些要做的事務之中，挑選出三件最重要或有時間限制的事，然後努力完成這些要務。

你甚至可以建立兩份獨立的待辦清單——其中一份用於工作，另一份用於家庭，讓你一整天都能專注於各個領域。

這麼做，可以消除你要在一天之內，完成所有要務的壓力。實際完成待辦清單以後，你會感受到極大的成就感，這種感覺非常激勵人心，這表示你更有可能持續這麼做，並完成更多的待辦清單。

練習

每日三要務

1-2分鐘

你可以將這個日常儀式,跟你的每日大腦斷捨離(第三章)結合起來。又或者,你可能已經知道自己當天最重要的三要務是什麼。在這種情況下,請從以下第二個步驟開始。

檢閱「大腦斷捨離」的內容

完成大腦斷捨離以後，請花一分鐘的時間，查看你所寫的內容，並找出任何重複出現或緊急的問題。

如果需要的話，這是一個建立兩份獨立清單的好機會 —— 其中一份用於家庭或生活管理，另一份用於工作。

- 今天你能不能做些什麼，來改善情況？
- 是否有任何特定事務需要完成？
- 紙上有沒有任何有時間限制的事務？

請把那些事圈出來。

列出清單

使用紙筆列出三件最迫切的事務。這些就是你要找的本日三要務。在執行任何其他事務之前，請先把這三件事完成。

次級要務

你也可以列出其他不太緊急但仍需要完成的要務——但不要超過五到六項。唯有完成了前三項要務之後,你才可以繼續執行次級要務。

後續行動

在第二天重複這個練習時,你可以將次級要務及任何需要做的新要務,移至當天的清單之中。

然後,只要找出接下來的三個最重要的要務,接著繼續「有意識地」完成這份你可以應付得來、不會壓得你喘不過氣的待辦清單,就可以了。

我崇尚簡單,不想讓事情變得太複雜。所以對我來說,我的待辦清單只需要一本筆記本或一張紙就足夠了。你可以用一本筆記本記下家務清單,另一本則記下你的工作要務。如果想要一本更有條理、空間更大的每日計畫本,你可以在網路上找到許多很棒的產品。

5 心懷感恩

相對於那些總是認爲杯中物是「半空」的人而言，你知道那些總是認爲杯子裡面是「半滿」的人嗎？你知道他們最能看出別人的優點嗎？你知道他們最能從失望中看出可能性嗎？

這些人都有一個共通點：

> **心懷感恩**

最近的研究顯示，經常對生活中的美好事物心懷感恩的人，在實際行動上可能會更加活躍、更加滿足，也較少會出現健康問題。

「感恩」的關鍵，似乎在於經常花時間去注意生活中的美好事物，並心存感激之情。在於主動停止將這些日常的喜悅視為理所當然。在於停下腳步，環顧四周，然後說：

「當然，我現在的生活可能不太理想。也許我沒有環遊世界、沒有夢寐以求的工作、沒有養育孩子、沒有清償債務，也沒有實現我所設定的其他目標，但我就是我。我在這裡。我還活著。這件事真的很棒！」

就像任何值得花費心力的事情一樣，保持正面和感恩的態度，需要花費時間、努力、耐心──以及最重要的，練習。在本節中，你將學習到如何將感恩練習融入日常生活，讓它快速地成為你日常生活中自然而然的一部分。

在嘗試以下的簡單練習時，請盡量避免比較心和自我懷疑（即便是暫時的）。

我發現，在學習感恩的藝術時，比較心和自我懷疑往往會把事情搞得太複雜，而這種練習，是要你在自己的生活中尋找值得感恩的事情，而不是去跟別人的生活做比較。

練習

心懷感恩

🕐 5分鐘

找出時間

在一天之中,找出一小段的時間——五分鐘就很夠了。剛起床的時候是最佳時機,睡前也是。

但任何時候，只要你能抽出幾分鐘，就很棒了。

你也可以將這個練習，跟「大腦斷捨離」和「每日三要務」等日常儀式結合起來。既然都要花幾分鐘的時間來書寫了，何不一口氣就完成三個日常儀式呢？

將之寫下

在一張紙條、一本精美的書裡，或是廚房裡的黑板上——在任何你喜歡的地方，列出今天讓你覺得感恩的五件事。

保持簡短。不要寫太多——每件事情寫幾個字詞就夠了。最多只需要用上一句話，就足以提醒自己目前生活中的美好事物。

然後，請認真思考這些事物，確認它們是你生活中的正面元素，並提醒自己每天都有值得感恩的事情——無論那天有多糟，或未來的日子會發生什麼事。

翻轉思維

如果你發現自己很難找到或清楚表達出那些美好的事物,那麼就試著翻轉你的挫折、憤怒或怨恨。

問問自己:這種情況有沒有什麼正面的地方呢?

- 沒有一點獨處的時間嗎?這表示你的孩子愛你,想要跟你在一起——多棒啊!
- 工作中時常被打擾嗎?這是因為人們需要你,或是尊重你的見解——你要對此感到自豪。
- 厭倦了每晚做飯嗎?你正在滋養自己的身體——這個想法裡有許許多多的事情值得感激。

關於人性，
我所知道的、最為悲慘的地方在於，
我們所有人往往都沒有活在當下。
我們都在夢想地平線彼端
有一座神奇的玫瑰園，
而不是享受今天窗外盛開的玫瑰。

戴爾・卡內基（Dale Carnegie）
人際關係大師

日常儀式的練習摘要

一次只做一件事（1-5分鐘）

- 選擇一項日常事務，全心投入其中。
- 細細品味這項事務的每一個細節——氣味、聲響、景象、感覺。
- 沉浸其中，徹底活在做那件事的當下。

斷開網路（15-30分鐘）

- 每天至少十五分鐘，完全斷開網路：不看電視、不使用手機、不使用電腦、不使用Kindle、不使用iPad。不使用任何電子產品。

- 利用這段時間來閱讀、書寫、玩耍，或乾脆什麼事都不做。
- 嘗試於睡前再增加一段斷開網路的時間，並觀察這件事情對你的睡眠帶來的影響。

清空思緒（5-10分鐘）

- 花一些時間——最好是在早晨或晚間——來做大腦斷捨離。將你所有的擔憂、煩惱、待辦事項和想法寫在紙上。
- 在需要的地方，加上底線、圈選或相連，好讓自己的想法更清晰，並闡明自己需要採取的行動。

每日三要務（1-2分鐘）

- 使用前述「大腦斷捨離」的內容，選擇你今天要完

成的、最重要的三個要務。
- 在完成這三項要務之前，不要執行任何其他事務。

心懷感恩（5分鐘）

- 在做大腦斷捨離時，寫下你生活中最值得感恩的五件事。每件事只需要一兩個字詞就夠了。
- 如果很難找到值得感激的事情，那麼請嘗試在任何你認為是負面的事物之中，尋找其正面的地方。

RHYTHMS

第二部分

調整生活節奏

生活節奏。這是你一天的步調。也是一天的韻律、節拍、次序。

　　如果你想要的話，你也可以用「例行公事」來代替這個詞，但我個人喜歡「生活節奏」的概念多於「例行公事」的概念。

　　例行公事僵硬且缺乏彈性，讓人覺得必須準確地發生一連串的事件，不然就失敗了。然而，「生活節奏」卻是一個更友善的想法。代表了秩序、理解、靈活性、移動性和流動性。

　　即便是這個詞的發音，聽起來也更友善。

　　請試著輕聲對自己說：生活節奏。

　　生活節奏會打動你。你會想隨著生活節奏起舞，找到自己的律動，放鬆一下，享受這一刻，看看它會

帶你去到何方。

至於例行公事？就比較沒有那種感覺——你需要按部就班。它是一個管理著時間的、穩定的節拍器。如果你動搖了，如果你猶豫了，如果你不按照順序或沒有完成一個步驟，你就失敗了。你錯過了。你落後了。

生活節奏，也允許生活之中，因應不同的季節，而產生的變化和彈性。這就是為什麼，我喜歡生活節奏這種方法，而不是例行公事。這也是為什麼，我鼓勵你花一些時間，來完成接下來的兩個練習。

這些練習有助於建立適合你的早晨和晚間生活節奏，並且能夠成為你所想望之生活的支柱。

6 早晨的節奏

早晨有生活節奏，意味著你知道自己需要做些什麼，以及一天需要如何開展。它能讓你免去早晨的腦力勞動，所以即便你不是一個一大早就感到精力充沛的人，你仍然會很有效率。

正面的早晨節奏是：

- 對你有所幫助。
- 讓你有足夠的時間完成各種事務。
- 考慮到其他人的需求。
- 保有一定的彈性空間。

一旦建立早晨的節奏之後，你就會覺得：

- 更平靜。
- 頭腦更清晰。
- 更遊刃有餘。
- 更少發脾氣或自責。
- 更傾向於吃早餐（如果你想要的話）。
- 更有可能花一些時間來練習正念。

你不再是以回應周遭的刺激，
來開始一天的生活，
而是主動去創造你想要的一天。

蒂許‧奧森瑞德（Tsh Oxenreider）
《環遊世界我們這一家》作者

練習

早晨的節奏

◐ 30分鐘（單次）

在這個練習裡，你要問自己一些問題，看看有什麼事情需要發生、你希望發生什麼事，以及什麼對你和你的家人來說是最好的。

這個練習大約需要三十分鐘，但不用太擔心，因為一旦完成了之後，你就不需要再重複做這件事了──只有當原先的生活節奏不再適合你的時候，你才會再回過頭來做這個練習。

請注意：在本練習中，「早晨」指的是，直到你和屋簷底下的每一個人都穿戴整齊、準備離開家門的時候，無關乎你們是否真的要出門。（在新冠肺炎疫情期間或之後，這一點比以往任何時候都更為重要，因為許多人可能會發現自己處於混合／遠端工作的情況。）

自我反思

首先，問問自己：

- 我對現在的早晨有什麼感覺？
- 我希望自己的早晨是什麼樣的感覺？
- 我早晨需要做些什麼？
- 我早晨想要做些什麼？

確認自己的需求跟想望

拿出紙筆。畫出三個欄位,並且標示:

- 需要發生的。
- 想要發生的。
- 順序和時間。

在第一個欄位中,列出所有需要在早晨完成的事務——這些事務對於你及和你一起生活的人來說(如果也適用於他們的話),是不容商榷的事情。

如果合用的話,你也可以加入下列清單裡的任何事務,並加上任何與你的生活有關的必要事務:

- 在幾點幾分起床。
- 整理床鋪。
- 叫醒孩子們。
- 沖澡。
- 吃早餐。

- 整理廚房。
- 收拾碗盤／啟動洗碗機。
- 穿好衣服。
- 幫孩子們穿好衣服。
- 刷牙、梳頭……等等。
- 清理餐桌。
- 洗一堆衣服。
- 準備中餐。
- 準備點心。
- 挑選衣服。
- 幾點幾分出門工作／參加活動／上學……

接著,在第二個欄位裡面,寫下所有你希望在早晨完成的事務——這些事或許並非必要,但能夠讓你用更正面的態度,展開新的一天。

思考一下,有沒有什麼事情,是能讓你以心情愉悅、充滿活力或對你有益的方式,展開新的一天——換句話說,是一些適合你自己的事情。

舉例來說，你可能不需要冥想，但你知道，冥想會讓你一整天受益良多。

決定要包含哪些事務

現在看一下前兩個欄位，然後圈選出你要放進早晨節奏中的事務。

確保你至少要放進第二個欄位裡的一項事務。在早晨好好照顧自己──哪怕只是一個小小的動作──也是讓你能夠在一天開始之際，能夠有更正面感覺的好方法。它可以幫助你在早晨的生活中更快樂、更友善、更溫柔地對待自己和他人。

估計你需要的時間

現在，在確定了早晨要做的事情以後，你需要考慮時間了：包括這些圈選出的事務所需要的時間，以及你可以使用的時間。

在第三個欄位裡，寫下每個事務需要的大致時間，然後加總完成你所選定的早晨事務，它們所需要的總時間。

請務必要四捨五入：多加個十分鐘，好應付東西打翻、有人來電、賴床，或者如果有感覺的話，進行一場迷迷濛濛的早晨性愛。

如果因為工作或其他例行性要務而需要離家的話，你需要在幾點之前出門呢？

你目前幾點起床呢？

請思考你起床的時間，和你的生活節奏所需花費的時間——兩者能夠配合嗎？

如果新的生活節奏和你目前的起床時間是可以配合的（也就是說，你有足夠的時間完成早晨節奏中所列出的所有事務），那就太棒了。如果沒辦法的話，你就需要決定，是否要抽掉一些早晨的事務，或是提早起床。

是否有任何事務，是可以在前一天晚上完成，以便讓你在早晨多騰出一點時間的呢？也許你可以改在晚間就先準備隔天的午餐、提前收拾包包或洗衣服？

同時，也要確保自己的期望不要太高。在有限的時間內，你只能做有限的事情。雖然有意識地爲你的早晨建立起一個生活節奏，有助於能夠最大限度地活用這段時間，但它並不是一個奇蹟般的解決方案，讓你能夠從原本只有一個小時的時間，變成四個小時。

請調整並更動這份清單和你的起床時間，直到兩者合爲一體，並請記住：答案沒有對錯──這取決於什麼適合你、適合你的生活和你生活裡的其他人。

正視它

在一開始，把所有的事情都寫下來的這個動作，可能看起來很死板。但把它寫在紙上，意味著你更有可能遵循新的早晨節奏──甚至是下意識的。

在最初的一兩個星期，或許你可以把清單貼在冰箱上，用視覺的方式來提醒自己，你正在建立的生活節奏。你會發現，這件事情很快就會習慣成自然。

另外一件對你有所幫助的事情是，請記住：你並沒有被這個生活節奏給綁死——你可以，也應該在有需要的時候，或是在這個生活節奏顯然不再合適自己的時候，對它進行修改。

請記住：你所做的這一切，都是為了要讓自己的生活變得更簡單。

我的早晨節奏

以下就是我多數時候的早晨節奏。

有些日子會比其他日子更具挑戰性，但在這些事務自然而然地從上一個換到下一個的時候，度過早晨的忙碌時段就感覺不那麼麻煩了，而且我每天能夠完成的事務，肯定比臨機應變還要多更多。

這種生活節奏的好處是,如果某些事情沒有發生(例如我沒有洗衣服),我的一天也不會就這樣搞砸:我晚點再洗就好。

同樣的,如果工作的時間不夠,我會知道,自己不是選擇多睡一點(有時候,這是個很好的選擇),就是孩子們需要我,而我明天也會有同樣的時間。這件事情,關乎生活是不是有充分的規畫——也關乎知道何時該放自己一馬。

- 早起。
- 沖澡,更衣。
- 冥想(經常),瑜珈(有時)。
- 泡一杯茶。
- 進工作室寫作。
- 處理目前的寫作計畫。
- 叫醒孩子、做早餐、打包午餐。
- 整理床鋪。
- 整理廚房。
- 有需要的話,就洗衣服。

- 孩子們做家事、穿衣服、刷牙等等。
- 做一些定期性的家務，例如換床單或掃地。
- 晾衣服。
- 載孩子們去上學，或讓他們自己走去。

在大多數的日子裡，這個生活節奏都會很自然而然地開展，我不需要每天早上檢查一連串該做的事務，或者說要在清單上打勾確認。

這個早晨節奏經過了長時間的精雕細琢（並在需要時進行修改），以適合我們現在的生活。這就是我們的目標：一個你不需要特別留意的生活節奏——一個行雲流水的生活節奏。

但是，要達到這個目標，需要一些時間，所以我鼓勵你，在這個過程中堅持幾個星期，並根據自己的需要做出調整和更動，如此一來，你就會慢慢瞭解什麼樣的節奏最適合自己。

想要快速解決問題,
那就試著放慢腳步吧!

莉莉・湯姆琳(Lily Tomlin)
美國女演員

7 晚間的節奏

既然已經確定了為什麼「生活節奏」比「例行公事」更有道理，我們就可以直接深入探討，為什麼你可能會願意花一些時間，來建立一個晚間節奏。

晚間節奏的好處有：

- 你的晚間會變得更有彈性，這意味著，你可以保留一些餘地，來應付那些比平時忙碌的日子。
- 你會知道自己需要做些什麼，而家裡的其他成員也能從這樣的熟悉中受益。
- 你的生活會更加自在。進入晚間時，心中想著最終目標（這個目標就是好好休息），意味著你更有可能在合適的時間上床睡覺，腦海中懸著的未完成事務也會隨之減少。

- **睡得更好。**你可以安然入睡，知道隔天早晨需要做些什麼，並為第二天做好準備。

擁有一個晚間節奏，可以節省你的時間和精力。你可以將這些多出來的時間和精力，投入到其他事情上，例如放鬆、培養嗜好，或與朋友、伴侶或孩子共度時光。

就像上一章的早晨節奏練習一樣，這裡也有一些工作要做。列出你的事務並建立起深思熟慮、有所助益的生活節奏，是需要時間的。

但是，跟早晨節奏不同，晚間節奏更有彈性。你不需要準時出門，也不需要趕公車或火車，因此，在時間和精力允許的情況下，你可以有更大的空間，來開展你的晚間生活。

練 習

晚間的節奏

🌓 30分鐘（單次）

請注意：每個人對「晚間」的定義不太相同，但是在這個練習中，「晚間」指的是從你吃晚餐的那一刻起，開始計算。

自我反思

在開始之前,請先問問自己:

- 我對現在的晚間有什麼感覺?
- 我希望自己的晚間是什麼樣的感覺?
- 我晚間需要做些什麼?
- 我晚間想要做些什麼?
- 我可以在晚間做些什麼,來讓自己的早晨過得更順暢?

這個正式的反思過程很重要。目的是幫助你釐清自己的優先事務是什麼,以及需要做些什麼。

然後,你可以採用適合自己的晚間節奏,並根據具體情況進行調整、執行它,然後幾乎將之遺忘。你會希望它在你的生活中輕而易舉地順暢運作,以至於你根本不需要將注意力放諸其上。

確認自己的需求跟想望

拿出紙筆。畫出三個欄位,並且標示:

- 需要發生的。
- 想要發生的。
- 順序。

在第一個欄位中,列出所有需要在晚間進行的事務——這些事務對於你,以及和你一起生活的人(如果也適用於他們的話)來說,是不容商榷的事情。

如果合用的話,你也可以加入下列清單裡的任何事務,並加上任何與你的生活有關的必要事務:

- 整理廚房。
- 堆疊碗盤並啟動洗碗機╱洗碗。
- 幫孩子洗澡。
- 說故事時間。
- 哄孩子睡覺。

- 整理家中。
- 沖澡。
- 放鬆一下——電視，電腦。
- 放鬆一下——閱讀，書寫。
- 睡前的日常儀式——一杯茶，泡個澡。
- 幾點幾分上床睡覺。

在第二個欄位裡面，寫下所有你希望在晚間完成的事務——這些事務或許並非必要，但卻能夠為你帶來正面的影響。

思考一下，有沒有什麼事情，是能夠幫助你為明天做好準備，以及讓你從今天的忙碌中放鬆下來？

這裡非常適合放進我們已經討論過的一些日常儀式，以及你在早晨節奏練習中找出來的一些事務，你可能會需要將這些事務改到晚間進行，才能讓早晨變得更輕鬆。

如果合用的話，你也可以加入下列清單裡的任何事務，並加上任何與你的生活有關的事務：

- 準備好早晨要穿的運動服／衣服。
- 收拾包包。
- 準備午餐。
- 準備明天的點心或晚餐。
- 人腦斷捨離。
- 每日三要務清單。
- 感恩札記。
- 不看螢幕（斷開網路）時間。
- 冥想。

決定要包含哪些事務

現在看一下前兩個欄位，然後決定你要放進固定的晚間節奏中的事務。

圈選出你想要放進去的每項事務。雖然大多數事項都來自第一個欄位，但請確保至少要放進一個來自第二個欄位的事務。

在晚間節奏中加入「自我照顧」的日常儀式很重要，因

為無論你這一天過得怎麼樣,它都能讓你對自己展現出一些體貼。

建立晚間的節奏

一旦決定好晚間要做的事情以後,就該建立起你的晚間節奏了。

請問問自己:

- 在這些事務中,哪一些最適合先做?
- 哪件事務能讓我以正面的心情結束這一天?
- 哪些事務可以讓明天的早晨更流暢?
- 哪些事務可以集中在一起做?(例如,做晚飯、整理廚房和使用洗碗機,這些事可以結合得很好。)

逐步確認清單,在第三個欄位中寫出大致的順序。

請記住:每一天的情況都不一樣,所以我要再次強調──這個順序也不是固定不變的。你可以根據自己的

需要進行調整。但是，這份清單越合乎邏輯、越讓你感到自在，你就越有可能堅持下去。

如果你覺得自己需要一個視覺上的提醒，那麼請務必將這份清單貼在冰箱上一到兩週，將之跟你的早晨節奏擺在一起。

這份清單會幫助你塑造晚間的節奏，讓你習慣事務的進行流程。但很快你就會發現，自己已經根本不需要提醒了。

我的晚間節奏

對我來說，沒有兩個晚間是一模一樣的。

舉例來說，有些晚間，我會去做瑜伽，或是上健身房，但是，一旦一個精心編排的生活節奏允許被一步步舒展開來，而不是把所有事情都塞進一個既定的時間表時，那些晚間無疑會讓人更覺得舒適。

我的晚間節奏通常是這樣的（要知道，我的孩子們還處於前青少年期）：

- 準備晚餐。
- 一起吃晚餐（除非有人要參加體能訓練或上晚課）。
- 每個人都幫忙整理廚房、洗碗等等。
- 孩子們準備隔天要穿的衣服與整理書包。
- 有些晚上，我們會一起看電視節目。其他晚上，我們則會度過一個不使用科技產品的夜晚（畫畫、玩桌遊、做一些有創意的事情）。
- 孩子們做好上床的準備，以及閱讀半小時的書。
- 規畫我隔天的行程——大腦斷捨離、每日三要務、心懷感恩等。
- 如果隔天需要提早出門，就整理自己的包包。
- 放鬆一下——聊天、看電視節目、閱讀。
- 不看螢幕時間，以及睡前的日常儀式——喝一杯茶。
- 上床——閱讀、表達愛意、接吻愛撫，以及搞一些跟床有關的花招。

生活節奏的練習摘要

早晨的節奏（30分鐘／單次）

- 自我反思：你覺得早晨對你來說是什麼？
- 確認自己的需求跟想望：寫下你需要與想要在早晨完成的事,以及它們的順序和時間。
- 圈選出你決定要放進早晨節奏中的事務。
- 思考完成這些事務所需要的時間,以及你實際可用的時間。記得要保留餘裕。
- 將你所寫下的早晨節奏,用視覺化的方式提醒自己。

晚間的節奏（30分鐘／單次）

- 自我反思：你覺得晚間對你來說是什麼？
- 確認自己的需求跟想望：寫下你需要與想要在晚間完成的事，以及它們的順序和時間。同時問問自己，有哪些事情能幫助你為明天做好準備，以及放鬆心情——結合日常儀式的練習。
- 圈選出你決定要放進晚間節奏中的事務，包括幾個體貼自己的日常儀式。
- 逐項確認晚間事務的優先次序，並依每一天不同的情況去彈性調整、適時提醒自己。

第三部分

確認執行狀況

CHECKING IN

毫無疑問地，在忙碌的生活中採用部分或——理想情況下——全部的這些日常儀式和生活節奏，會為你的生活帶來舒適和簡單。

但是請記住：這些想法的設計初衷，並不是為了要對你的生活施加限制——它們是為了簡化生活，而不是增加壓力。

假如，前述日常儀式或生活節奏若讓你產生了以下的感覺：

- 感到壓力。
- 罪惡感。
- 暈頭轉向。
- 缺乏彈性。
- 不自在。
- 效率降低。

那麼你必須跟我保證，你會做一件事：

> 停止它

非日常儀式性傾斜

如果這些練習,反倒為你的日常生活增添了壓力和複雜性,那麼我們截至目前為止所考慮的日常儀式或生活節奏,就都派不上任何用場了。這樣的情況,會使得我們完全遠離簡單生活。

所以,雖然本章節中所提出的建議,看似與我之前所說的一切背道而馳,但請相信,一旦將之付諸實行,它們就會變得非常合乎道理。

最後一哩路:傾斜

傾斜與平衡相反,更接近是一種心態,而非日常儀式。

人力資源與績效主題研究員馬克斯‧巴金漢（Marcus Buckingham），在2009年進行的一項研究中，提出了一個問題：「幸福的女性有什麼不同的做法？」與你所想像的相反，答案並非是在工作、生活、健康、家庭、熱情和靈性之間取得完美平衡。

也就是說，她們並沒有追求平衡——接受研究探訪的許多女性意識到，這件事情是做不到的，追求平衡會帶來壓力，生活也會變得無聊。相對的，她們會往自己喜歡並認為有意義的活動和事物「傾斜」。

對於在某些特定時刻需要她們關注的生活領域，她們會有意識地選擇待在彼時彼地，活在當下，然後根據情況的需要，而再一次有意識地往另一個領域傾斜，投入其中。

這裡所謂的「傾斜」，指的是意識到生活中不斷變化的壓力並保持靈活變通，同時摒棄「每一天的每

一分、每一秒所發生的一切,都必須完美而平衡,稍有不完美,便是失敗」這個想法。

但是平衡呢?

長久以來,我們一直都被灌輸「在工作與生活之間找到平衡」的觀念。而如果將「平衡」視為是每天都要達成的目標——在工作、朋友、家人、伴侶、孩子、身心健康、靈性和自我的需求之間保持平衡——那麼你將花費何其大量的精力,去試圖創造並維持你的生活方式,以至於很難找到真正的平衡。

坦白說,我認為要實現工作與生活之間的平衡這樣的想法,完全是個迷思。

這個迷思很具破壞性,會迫使我們去嘗試實現一些不可能的事情。而更靈活的方法,則可以提供我們

所需的應變力，以便在需要時滿足生活中的不同需求——與其讓自己疲於奔命地嘗試達到平衡，不如學會「傾斜」，也就是心甘情願地讓事物「失去平衡」。而且，重要的是，要學會接受這件事。

甚至不只是接受它，我們更需要擁抱它！

簡單生活，關乎尋找輕盈、喜悅與活在當下。我們在先前的七個章節中所介紹的日常儀式，都是為了幫助你實現這個目的而設計的。

但是，如果你沒有學會轉換思維，讓自己從追求平衡轉變為更具彈性的「傾斜」，那麼這些方法就對你毫無益處。

- 在工作特別忙碌的那些日子裡——傾斜一下吧！簡單的餐點、最低限度的家務、簡單的生活節奏。
- 在孩子們自己玩得很開心的那些日子裡——傾斜一

下吧！平常沒空做的家務，趁這個機會多做一些。
- 在你需要充電的那些日子裡——傾斜一下吧！善待自己，好好休息、吃營養的食物（或外賣）、多喝水、早點睡。
- 在伴侶承受更大工作壓力的那些日子裡——傾斜一下吧！去給予他們實際的幫助。
- 在那些家裡需要進行深度清理的日子裡——傾斜一下吧！從社交活動中抽出時間，把時間與精力用來做那些必要的家務。

「傾斜」讓我們能夠把注意力放在當下重要的事情上，並有意識地去選擇將自己的精力投入這些領域之中。

「傾斜」的實際舉動，意味著我們靠近某件事務，同時遠離了另外一件事務。我們不可能在每時每刻，都去滿足每一個人的需要，而傾斜的做法清楚地表示，在對一件事說「好」的同一時刻，我們也在對

另一件事說「不」。而且，我們是可以這麼做的。

　　與大眾的認知相反，「傾斜」的做法，實際上可以幫助我們在更長的時間之內，找到平衡。

　　與其每天努力地尋找平衡，不如在一個月或一年的時間裡創造出平衡。如果我們以更長遠的眼光來看待「平衡」這件事，就會更容易看清楚，我們的生活方式，是否符合自己的期望，或者決定自己需要更加關注哪些方面。

　　此外，我們都會遇到不順的日子和焦慮的時刻，因此以更廣闊的視角來看待「平衡」這件事，會比較寬宏大量——很有可能會發生的是，如果往重要的事物傾斜而去，那麼你會發現，隨著時間的推移，自己已經實現了近似於平衡的境界。

該如何「傾斜」呢？

問題不在於一步接著一步的學習。更要緊的地方在於，要將「傾斜」這種靈活的想法，保留在你的腦海之中。

重點是在於明白——並且接受——事實上，你不可能也永遠不會達到完美的平衡。

更重要的是，你八成也不會想達到完美的平衡。為了達到並維持完美的平衡狀態，你會因此感受到極大的壓力和不滿。相反的，你應該了解自己的時間是有限而且寶貴的——你可以根據自身需要，選擇要將自己的精力用在哪些地方。

你的生活，是屬於你自己的。

我沒有辦法告訴你，你要如何決定自己的優先次

序。但每隔一段時間，你都要問問自己：我心裡有沒有感覺到平衡？像是：

- 這禮拜？
- 這個月？
- 過去一整年？

　　比起任何完美的日常平衡，你內心深處得到的答案，會是你更棒的引路人。

生活的品質，
總是與喜悅的能力成正比。
喜悅的能力，
則源自於用心感受。

茱莉亞・卡麥隆（Julia Cameron）
《聆聽之路》作者

9 時時留心

簡單生活的精髓，在於「留心」的藝術。停下來，用點時間，仔細觀察周遭大大小小的美麗。

事實上，如果要我用一個想法來總結這本書，那會是：成為一個留心者。放慢腳步，用心感受。

所謂的留心，就是付出一部分的自己，以及付出你的時間和精力。留心是要付出代價的。但是不留心也要付出代價，而且代價還更高。

你要留心的是：

- 你做了什麼事，有什麼感受？
- 你吃或喝了些什麼？

- 你需要做些什麼事？
- 做了那些事以後，你有什麼感受？
- 在需要做的事與實際去做那些事之間，你有什麼感受？
- 自己的想法及感受。
- 美。
- 自己的時間與精力。
- 你把注意力放在哪些地方。

放慢腳步，留心看看這個世界想讓你看見什麼。

10 去吧，享受人生！

我希望你仍然有動力去使用這些日常儀式和生活節奏，來簡化自己的日常生活，因為此時此刻，你已經可以開始使用它們來創造自己的簡單生活了。

就像任何重大的生活改變一樣，你將會需要隨著時間，來調整自己的生活節奏和日常儀式。在生活隨著季節而變化和改變時，你會發現自己的需求也會隨之變化和改變。

每當你覺得生活變得不平衡，或是發現自己又一次覺得不知所措時，就把這當成是一個提醒，藉此機會重新回顧我們在本書中所探討過的那些練習。

你可能只是需要提醒自己那些已經安排妥當的事

務，又或者你可能發現自己的生活已經發生了太大的變化，所以你要重新評估哪些安排仍然適用，以及哪些安排已經不再適用。

我深信，任何讀過這本書的人，都可以從我在書中所描述的日常儀式和生活節奏中受益。即便只是在每天的生活中，加入其中一項日常儀式，我相信，你也會發現自己的生活有所改善。

我對簡單生活所帶來的好處十分熱衷，如果可以的話，我非常樂意看到你將它們全部付諸實行。我顯然有偏見，但也因為如此，我可以看到簡單生活的最大好處。

何不給自己一到兩個星期的時間，在日常生活中嘗試這些日常儀式看看呢？

然後，在那段時間過去之後，看看自己的日子過

得如何；你的心裡和你的頭腦有什麼感覺，然後問問自己：我現在覺得怎麼樣？我有沒有覺得更快樂、更有把握、更公平、更滿足、更有條理、更能掌控生活，或是有什麼其他截然不同的感覺？

使用你得到的答案，去評估這些日常儀式和生活節奏的幫助有多大，並視需要去調整或繼續實行。

不過，與此同時，去享受生活吧！

這就是所有這些努力的目的——創造出更緩慢、更簡單的生活，讓你有時間和空間，去做更多自己喜歡的事情。我迫不及待地想知道，簡單生活會為你的人生，帶來些什麼樣的改變。

零雜念的簡單生活
停止內耗的 7 個重生練習
Destination Simple: Everyday Rituals for a Slower Life

作　　者	布茹珂・麥卡拉莉（Brooke McAlary）
譯　　者	朱浩一
主　　編	郭峰吾

總 編 輯	李映慧
執 行 長	陳旭華（steve@bookrep.com.tw）

出　　版	大牌出版 / 遠足文化事業股份有限公司
發　　行	遠足文化事業股份有限公司（讀書共和國出版集團）
地　　址	23141 新北市新店區民權路 108-2 號 9 樓
電　　話	+886-2-2218-1417
郵撥帳號	19504465 遠足文化事業股份有限公司

封面設計	BIANCO TSAI
版型構成	BIANCO TSAI
排　　版	新鑫電腦排版工作室
印　　製	博創印藝文化事業有限公司
法律顧問	華洋法律事務所　蘇文生律師

定　　價	380 元
初　　版	2025 年 6 月

有著作權　侵害必究（缺頁或破損請寄回更換）
本書僅代表作者言論，不代表本公司／出版集團之立場與意見

DESTINATION SIMPLE: EVERYDAY RITUALS FOR A SLOWER LIFE (UPDATED AND NEW EDITION) by
Brooke McAlary
Copyright: © Brooke McAlary 2017, 2021
This edition arranged with Nero, Imprint of Schwartz Books Pty Ltd
through BIG APPLE AGENCY, INC. LABUAN, MALAYSIA.
Traditional Chinese edition copyright:
2025 STREAMER PUBLISHING, AN IMPRINT OF WALKERS CULTURAL CO., LTD.
All rights reserved.

電子書 E-ISBN
978-626-7600-81-8（PDF）
978-626-7600-80-1（EPUB）

國家圖書館出版品預行編目資料

零雜念的簡單生活：停止內耗的 7 個重生練習 / 布茹珂・麥卡拉莉
（Brooke McAlary）著；朱浩一譯. -- 初版. -- 新北市：大牌出版，遠足
文化事業股份有限公司發行, 2025.06
152 面；13×18.6 公分
譯自：Destination Simple: Everyday Rituals for a Slower Life
ISBN 978-626-7600-82-5（平裝）
1. 簡化生活　2. 生活指導

192.5　　　　　　　　　　　　　　　　　　　　　　　　114005862